コンビニ
かけ合わせ
グルメ

Conbini Kakeawase Gourmet

ディスク百合おん［著］

つきこ［イラスト］

スモール出版

はじめに

　はじめまして。この本の著者でミュージシャンの「ディスク百合おん」です。この本は、コンビニで売られている食べ物を組み合わせて作る料理、「コンビニかけ合わせグルメ」をまとめた一冊です。

　ミュージシャンである僕がなぜこんなことを始め、本を出版するに至ったのか簡単に説明します。僕は、子供の頃からお菓子で料理を作るグルメマンガ『OH!MYコンブ』（原作・秋元康、マンガ・かみやたかひろ）が大好きで、マンガに出てくるレシピを実際に試して楽しんでおり、大人になってもその「混ぜ癖」が抜けずにいました。

　ある日、いつものようにコンビニでごはんを買う時、閃いてしまったのです。「新商品のこれ、美味かったからまた買おう。いや、待てよ……もしかしていつも食べているあれと組み合わせたら、もっと美味しくなるのでは？　カシャカシャカシャ……チーン！」。

　これが「コンビニかけ合わせグルメ」の誕生の瞬間でした。
　以来、ひとりでコソコソと「コンビニかけ合わせグルメ」を楽しんでいたのですが、会心の料理ができた際にそれを何気なくTwitterに投稿したらそれがバズってしまい、あれよあれよという間に書籍化の依頼をいただくことに。

　「コンビニかけ合わせグルメ」最大の魅力は、とにかく「手軽」ということ。ややこしいルールは無く、すぐに真似できますし、アイデアさえあれば誰でも自分のオリジナル料理を作れます（お子様は保護者の方と一緒に楽しんでくださいね！）。

　それでは「コンビニかけ合わせグルメ」、楽しんでいただければ幸いです！

ディスク百合おん

もくじ

2　はじめに

6　私のコンビニかけ合わせグルメ
　by 山本さほ

第1章 主食

- 8　焼きおにぎり茶漬け
- 9　ひじき五目ごはん
- 10　ひじき赤飯にぎり
- 11　納豆いか明太巻
- 12　ごろごろかぼちゃカレー
- 13　ドリア風ピラフ
- 14　チキンドライカレー
- 15　中華風おかゆ
- 16　かにチャーハン
- 17　牛チゲ煮込みうどん
- 18　牛すじうどん
- 19　オニスラぶっかけうどん
- 20　冷やしだしとろろうどん
- 21　グリル野菜の冷たいそば
- 22　キムチ肉うどん
- 23　焼き鳥そば
- 24　いか焼きそば
- 25　チンジャオロース焼そば
- 26　海老塩ラーメン
- 27　ふかひれラーメン
- 28　みそチゲラーメン
- 29　ベジポタ風濃厚つけ麺
- 30　ナムル冷麺
- 31　ほうれん草カルボナーラ
- 32　たこと野菜のバジルミートスパゲッティ
- 33　パンケーキサンド
- 34　生ハムとクリームチーズの
　　　ごまバゲットサンド
- 35　たまご焼きそばパン
- 36　コーンポテマヨソーセージパン
- 37　ちくわピザ
- 38　マカロニコロッケパン
- 39　カニマヨチーズバーガー
- 40　ポテリタン
- 41　明石焼き風スープ

42　私のコンビニかけ合わせグルメ
　by 谷口菜津子

本書で紹介しているのは、2017年4〜9月の間に首都圏のコンビニで手に入る商品を使って考案したレシピです。コンビニ商品のラインナップは季節によって内容が変わる他、お住まいの地域によっては手に入りにくい商品もあります。なお、料理の参考価格は税抜きです。

第2章 おかず・おつまみ

- 44　たこキムチ
- 45　生ハムパイン
- 46　サバペペロン
- 47　いかめかぶ
- 48　いかせんチーズ
- 49　ポテサラごま昆布のせ
- 50　小籠包入り中華スープ
- 51　ごぼうサラダのささみあえ
- 52　豆とかぼちゃのサラダ
- 53　ベジちくわ
- 54　一口もちもちピザ
- 55　グリル野菜と鮭のバター添え
- 56　焼鳥のグリル野菜あえ
- 57　担々ソース餃子
- 58　イタリアンおでん
- 59　オニオンラスクスープ
- 60　ジャーキーポテサラ
- 61　海老チリからあげ
- 62　梅の花
- 63　厚焼き玉子の辛子明太子のせ
- 64　いかそうめん納豆
- 65　ベーコン巻き餃子
- 66　チーたらジャーキー
- 67　炙りサーモンのカルパッチョ
- 68　私のコンビニかけ合わせグルメ
　　　by スケラッコ

第3章 おやつ・デザート

- 70　ピノワッサン
- 71　ミニたこせん
- 72　ふんわりシリアル
- 73　ブルーベリーチーズタルト
- 74　あんみつ風コッペパンサンド
- 75　くるみブレッドの羊羹サンド
- 76　モンブランのメープルシロップくるみのせ
- 77　コーヒーゼリーの黒豆のせ
- 78　チーズバウム
- 79　麦チョコクリームフランスパン
- 80　サングリア風ワイン
- 81　フルーツどら焼き
- 82　フルーツロール
- 83　フルーツソルベ
- 84　かぼちゃアイス
- 85　ココアソフト
- 86　濃厚マンゴー杏仁
- 87　豆腐と黒蜜わらび餅のきなこがけ
- 88　梅ヨーグルト
- 89　ヨーグルトジャムコッペパン
- 90　コーヒーチョコバニラアイス
- 91　宇治金時パフェ
- 92　私のコンビニかけ合わせグルメ
　　　by パリッコ

- 93　あとがき
- 94　作って楽しい！
　　　あなたの「コンビニかけ合わせグルメ」を
　　　シェアしよう！

MY Conbini Kakeawase Gourmet
BY Saho Yamamoto

Conbini Kakeawase Gourmet

第1章
主食
Staple Food

主食　おかず・おつまみ　おやつ・デザート

焼きおにぎり茶漬け

焼きおにぎりをスプーンでくずしながら食べましょう。もずくスープの他、かきたまスープで作るのもオススメです。

Recipe
解凍した焼きおにぎりをお茶碗に入れ、フリーズドライのスープをのせてお湯をかけるだけ！

合わせて約260円

冷凍 焼きおにぎり

×

フリーズドライ もずくスープ

> **Recipe**
> 温めた五目ごはんに
> ひじき煮をそのまま
> 混ぜるだけ！

ひじき煮 × 冷凍鶏五目ごはん

＼ 具沢山でヘルシーな混ぜごはん。 ／
ひじきの量はお好みで
調整しましょう。

ひじき五目ごはん

合わせて約260円

| 主食 | おかず・おつまみ | おやつ・デザート |

ひじき煮 × レトルト赤飯

Recipe
赤飯を温めてからひじきを混ぜ、ラップに包んで握れば完成！

ひじき赤飯にぎり

ひじきを混ぜることで赤飯が満足感の高いおこわになります。

合わせて約440円

合わせて
約300円

納豆といかの
とろとろ感がベストマッチ。
明太子の食感がアクセントになっています。

納豆いか明太巻

納豆巻

×

いか明太子

Recipe
包丁でごはんを開き、
いか明太子を
あふれない程度に入れて、
海苔で包めば完成！

主食　おかず・おつまみ　おやつ・デザート

ごろごろかぼちゃカレー

ビーフカレー

×

かぼちゃ煮

> **Recipe**
> 両方を温めてから、混ぜるだけ！

かぼちゃのホクホク感と甘味でカレーが優しい味わいに。

合わせて約550円

＼とろけるチーズをプラスすると本格的なドリアをお手軽に楽しめます。／

合わせて
約270円

ドリア風ピラフ

Recipe
温めた海老ピラフと
ソースを混ぜて
耐熱皿に入れ、オーブンで
焦げ目がつくまで
焼けば完成！

冷凍
海老ピラフ

×

カルボナーラ
ソース

| 主食 | おかず・おつまみ | おやつ・デザート |

チキンドライカレー

＼ シンプルなドライカレーが ／
一気にごちそうに。

合わせて
約350円

冷凍
ドライカレー

×

冷凍
チキンステーキ

Recipe
温めたドライカレーに、
解凍した
チキンステーキを
のせれば完成！

単体ではちょっとさびしいおかゆが、
中華料理屋さん風の
おかゆに大変身。

合わせて
約370円

中華風おかゆ

Recipe
温めたおかゆに
煮たまごとザーサイを
のせれば出来上がり！

 ×  ×

ザーサイ炒め　　半熟煮たまご　　レトルト
　　　　　　　　　　　　　　　　おかゆ

| 主食 | おかず・おつまみ | おやつ・デザート |

お刺身かにかま

×

冷凍チャーハン

Recipe
温めたチャーハンに、彩りよくかにかまをのせるだけ！

かにチャーハン

クオリティの高いかにかまのおかげで、見た目も味もグッと豪華に。

合わせて約320円

＼ 寒い時期に
オススメの一品。
玉子を落としてもグッド。 ／

合わせて
約340円

Recipe
それぞれを
温めてから鍋に入れ、
なじむまで煮込めば完成！

牛カルビスープ

×

うどん

牛チゲ煮込みうどん

| 主食 | おかず・おつまみ | おやつ・デザート |

牛すじうどん

Recipe
つゆを薄めにして作った素うどんに、温めた牛すじの缶詰をごっそり入れるだけ!

 ×

牛すじ醤油煮込　　うどん

合わせて約410円

ネギを散らしたり、お好みでおろしショウガを入れるとさらに美味しい一品。

たまねぎの
シャキシャキ感が嬉しい、
清涼感のある一品。

合わせて
約280円

オニスラ
ぶっかけうどん

Recipe
うどんをレンジで
チンして水でしめた後、
サラダをドレッシングごと
のせれば完成！

うどん　　×　　新たまねぎと
　　　　　　　おかかのサラダ

| 主食 | おかず・おつまみ | おやつ・デザート |

\ 食欲が無い時にも つるっと 食べられる一品。 /

合わせて
約420円

Recipe
解凍したうどんを冷水で
しめた後、だしととろろを
のせ、お好みでつゆを
かけて出来上がり！

山形のだし

×

冷凍
山芋とろろ

×

冷凍
さぬきうどん

冷やしだし とろろうどん

グリル野菜の冷たいそば

Recipe
ざるそばの上にグリル野菜を盛りつけ、つゆをかければ出来上がり！

ざるそば

×

グリル野菜のサラダ

ヘルシーな一品。
お好みでドレッシングをかけても美味しいですよ。

合わせて
約640円

主食 | おかずおつまみ | おやつ・デザート

豚キムチうどん

豚キムチ風の
ピリ辛うどん。

合わせて
約580円

Recipe
温めた肉うどんに
キムチを
のせるだけ！

キムチ × 肉うどん

＼ 美味しい鳥そばが／
リーズナブルに楽しめます。

合わせて
約380円

焼き鳥そば

Recipe 串から外したねぎまを
かけそばにのせるだけ！

粗挽きそば × 焼き鳥ねぎま（塩）

主食 / おかずおつまみ / おやつ・デザート

ペヤング ソースやきそば

×

焼きいか

Recipe
普通に作った
カップ焼きそばに
焼きいかを混ぜ、
七味とマヨネーズを
かけるだけ！

いか焼きそば

定番のカップ焼きそばが
本格的ないか焼きそばに大変身。
食べ応えがあります。

合わせて
約440円

ボリュームはバッチリ。
焼きそばは3食入りなので、
お財布にも優しい一品。

合わせて
約400円

チンジャオロース焼きそば

Recipe
粉末ソースを入れずに素の焼きそばを作り、その上に温めたチンジャオロースをのせるだけ！

ソース焼きそば  × 冷凍チンジャオロース

| 主食 | おかず・おつまみ | おやつ・デザート |

海老塩ラーメン

塩ラーメン × 海老の素揚げ

Recipe
ラーメンに海老の素揚げをのせれば完成！

お好みでネギを散らすと、見た目も華やかになります。

合わせて約310円

＼ふかひれ風味のラーメンが手軽に楽しめます。見た目はシンプルだけど、味は本格的。／

合わせて
約230円

ふかひれラーメン

Recipe
スープを薄めに作ったラーメンに、フリーズドライのふかひれスープを投入するだけ！

 ×

醤油ラーメン　　フリーズドライふかひれスープ

主食　おかず・おつまみ　おやつ・デザート

みそチゲラーメン

ピリ辛のラーメン。
チゲのスープを全て入れることで
味がちょうど良くなります。

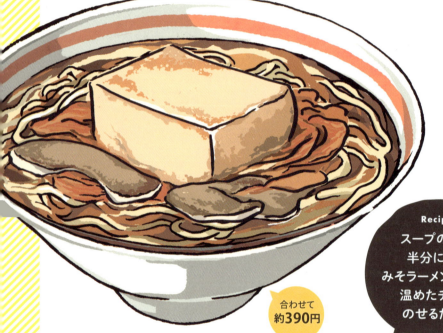

Recipe
スープの素を半分にしたみそラーメンを作り、温めたチゲをのせるだけ！

合わせて約390円

豚バラ豆腐チゲ

×

みそラーメン

冷凍
具付きつけ麺

×

じゃがいもの
冷たいスープ

Recipe
つけ麺のつけ汁に
温めた
じゃがいものスープを
適量足せば
出来上がり！

ベジポタ風濃厚つけ麺

合わせて
約370円

クリーミーな味わい。
じゃがいものスープは
半分くらいの
分量がオススメです。

| 主食 | おかず・おつまみ | おやつ・デザート |

Recipe
冷麺の上にナムルを盛り付けるだけ！

盛岡冷麺

×

ミックスナムル

さっぱりとヘルシーなのに、食べ応えがある一品。

合わせて約**450円**

ナムル冷麺

ベーコンが増量し、野菜も摂れるのが嬉しい一品。

Recipe
両方とも温めてから、ベーコンほうれん草をカルボナーラに適量のせるだけ！

冷凍
ベーコン
ほうれん草

冷凍
カルボナーラ
スパゲッティ

ほうれん草カルボナーラ

合わせて
約350円

主食 おかず・おつまみ おやつ・デザート

たこと野菜の バジルミート スパゲッティ

定番スパゲッティが本格的なイタリアンパスタ風に。ボリュームもバッチリです。

合わせて
約470円

Recipe
ミートソースを絡めたスパゲッティに、たことブロッコリーポテトのバジルソースをのせるだけで完成！

たことブロッコリーポテトの
バジルソース

×

冷凍
ミートソーススパゲッティ

> **Recipe**
> ソーセージを
> オーブントースターで
> 数分焼いてから、
> パンケーキにはさむだけ！

パンケーキ × ロースハム

パンケーキサンド

シンプルですが
食べ応えがあります。
朝ごはんにぴったり。

合わせて
約180円

| 主食 | おかずおつまみ | おやつ・デザート |

ごまフランスのクリームチーズと
ハムの塩気がマッチ。
時間のない朝にもオススメ。

合わせて
約260円

生ハムロース × ごまフランス

Recipe
生ハムを食べやすいように
3つに分けて、
バゲットにはさむだけ！
ハムの量は多めがオススメ。

生ハムとクリームチーズのごまバゲットサンド

> Recipe
> 焼きそばパンに
> たまごサラダをのせるだけ！

焼きそばパン × たまごサラダ

たまご焼きそばパン

ガッツリとお腹にたまるパワーフード。

合わせて約280円

主食 | おかず・おつまみ | おやつ・デザート

コーンポテマヨソーセージパン

小さいお子さんも大喜びのパン。こぼれやすいので、気をつけて食べましょう。

コーンマヨネーズパン

×

ポテト＆ソーセージ

合わせて約350円

Recipe
両方温めて、ポテト＆ソーセージをパンにのせれば完成！

シンプルなマルゲリータピザに
ちくわを足すだけで、
見た目も味も充実します。

合わせて
約560円

ちくわピザ

> **Recipe**
> 輪切りにした
> ちくわを適量ピザにのせて、
> オーブントースターで焼くだけ！

ちくわ

×

冷凍
マルゲリータピザ

主食 | おかず・おつまみ | おやつ・デザート

マカロニコロッケパン

コロッケのソースのしょっぱさが、マカロニとマヨネーズでまろやかになります。

合わせて約250円

Recipe
マカロニサラダをパンにはさむだけ！

コロッケパン

×

マカロニサラダ

＼ 温めることで／
カニカマの風味が
アップします。

合わせて
約300円

カニマヨ
チーズバーガー

ふんわりチーズブレッド

×

おつまみカニカマ

Recipe
ブレッドを2つ用意し、
ひとつにカニカマをたっぷりのせ、
オーブントースターへ。
2分ほど温めてから
ブレッドを重ねれば完成！

主食 | おかず・おつまみ | おやつ・デザート

Recipe
両方とも温めてから、ポテトにナポリタンソースをお好みでかけるだけ！

冷凍フライドポテト × ナポリタンソース

ポテリタン

お子さんがよろこぶお味。ビールのおつまみにも最高です。

合わせて約190円

たこ焼きからダシが出て、
かきたまスープが
味わい深くなります。

合わせて
約280円

明石焼き風スープ

Recipe
解凍したたこ焼きを
スープに投入
すれば完成！

冷凍
たこ焼

×

フリーズドライ
かきたまスープ

MY Conbini Kakeawase Gourmet
BY Natsuko Taniguchi.

Conbini Kakeawase Gourmet

第2章

おかず
おつまみ
Side Dish

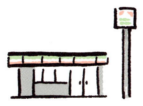

| 主食 | **おかず・おつまみ** | おやつ・デザート |

たこキムチ

おつまみに最適。
ビールや発泡酒が
いくらでも飲めますよ。

合わせて
約420円

Recipe
キムチとたこぶつを
適量混ぜて、
お好みでゴマ油を
かけるだけ！

キムチ

×

たこぶつ

| 主食 | **おかず・おつまみ** | おやつ・デザート |

> Recipe
> サバを電子レンジ対応のお皿に移し、パスタソースをかけてチンするだけ！

さば水煮缶 × ペペロンチーノソース

サバペペロン

＼ ごはんのおかずになる他、ハイボールやワインのおつまみとしても最適。 ／

合わせて約270円

| 主食 | **おかず・おつまみ** | おやつ・デザート |

> **Recipe**
> サバを電子レンジ対応のお皿に移し、パスタソースをかけてチンするだけ！

さば水煮缶

×

ペペロンチーノソース

サバペペロン

＼ ごはんのおかずになる他、ハイボールやワインのおつまみとしても最適。 ／

合わせて **約270円**

ビールや日本酒のおつまみにぴったり。
あつあつのごはんにのせても
美味しいですよ。

合わせて
約460円

いかめかぶ

Recipe
めかぶといかを
あえるだけ！

するめいかそうめん × 味付めかぶ

主食 | **おかず・おつまみ** | おやつ・デザート

Recipe
いかせんべいにスライスチーズをはさみ、チーズがとろけるまでオーブントースターで温めれば完成！

とろけるスライスチーズ × いかせんべい

いかせんチーズ

お祭りの屋台で売っていそうな一品。小さなお子さんのおやつにもオススメですよ。

合わせて約270円

ごま昆布の塩味で
ポテトサラダの味が
しっかりします。

合わせて
約280円

ポテサラ ごま昆布のせ

Recipe
ポテサラにごま昆布を
のせるだけ！

ごま昆布

×

ポテトサラダ

 ×

冷凍小籠包 × フリーズドライ中華スープ

Recipe 解凍した小籠包を中華スープに入れるだけ！

小籠包入り中華スープ

小籠包は崩して食べてもよし、つるりと丸ごと食べても美味しいですよ。

合わせて約290円

＼副菜にぴったり。／
＼食パンにのせても美味しいですよ。／

合わせて
約300円

ごぼうサラダの ささみあえ

Recipe
チキンとサラダを
あえるだけ！

ほぐしサラダチキン

×

ごぼうサラダ

主食 | **おかず・おつまみ** | おやつ・デザート

Recipe
2つのサラダを混ぜるだけで出来上がり！

かぼちゃサラダ × 豆サラダ

豆とかぼちゃのサラダ

「デパ地下で買った」と言われても信じてしまいそうな、高級感のある複雑な味わい。

合わせて約250円

お弁当でのおかずとしてもおなじみ。
味噌マヨにディップすれば
おつまみにも。

合わせて
約330円

ベジちくわ

ちくわ × 野菜スティック（味噌マヨネーズ）

Recipe
ちくわに野菜を入れて、
一口サイズに
カットすれば完成。

鮭の塩焼きが洋風に。
鮭の塩加減が
グリル野菜とよく合います。

> **Recipe**
> 温めた両食材をお皿に盛り付け、
> バターをのせお好みで
> 黒胡椒をかければ完成！
> バターが溶けにくい時は
> レンジでチンしましょう。

冷凍
グリル野菜

×

紅鮭の塩焼

グリル野菜と鮭のバター添え

合わせて
約470円

| 主食 | **おかず・おつまみ** | おやつ・デザート |

> タレの甘辛さが美味しい一品。
> ごはんにのせれば、
> オシャレな「カフェ飯」風に。

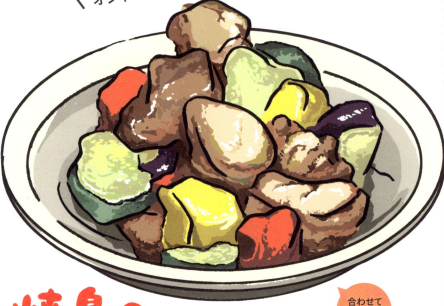

合わせて
約420円

焼鳥の
グリル野菜あえ

Recipe
温めた両食材をお皿に
盛り付けて、焼き鳥のタレが
野菜に絡む程度に
混ぜれば完成！

冷凍
グリル野菜

×

冷凍
焼鳥炭火焼

| 汁なし担々麺の素 | 冷凍焼き餃子 | Recipe 担々麺の素を温め、レンジでチンした焼き餃子にかければ完成！ |

 ×

担々ソース餃子

スパイシーな味わいの餃子。
ビールにぴったりです。

合わせて約260円

| 主食 | **おかず・おつまみ** | おやつ・デザート |

とろけるチーズをのせると
ますますイタリアン風に
なります。

合わせて
約300円

イタリアンおでん

Recipe
両方温めて、おでんのつゆに
ナポリタンソースをお好みで
混ぜれば完成！

おでん

ナポリタン
ソース

×

オニオンスープ

オニオンラスク

Recipe
温めたオニオンスープに
ラスクを数枚浸せば
出来上がり！

オニオン
ラスクスープ

合わせて
約370円

ラスクの旨味が
スープに溶け込み、
高級感のあるごちそうに。

| 主食 | **おかず・おつまみ** | おやつ・デザート |

ジャーキーポテサラ

ジャーキーの塩味がポテサラにマッチ。
ジャーキーの量は
3〜4枚がオススメ。

合わせて
約490円

Recipe
細かく刻んだ
ビーフジャーキーを
ポテトサラダと混ぜ、
冷蔵庫に一晩置けば
完成！

ポテトサラダ  × ビーフジャーキー

冷凍
海老チリ

×

からあげ棒
（竜田揚げ）

Recipe
両方を温めてから、
混ぜるだけ！

海老チリ からあげ

＼ からあげのサクサク感と
チリソースの絡みが絶品。
ビールやごはんがすすみます。 ／

合わせて
約440円

| 主食 | **おかず・おつまみ** | おやつ・デザート |

うの花 × 梅干し

Recipe
うの花に梅干しの果肉を混ぜれば出来上がり！

梅の花

甘酸っぱくて大人の味。
梅干しの量はお好みで
調整しましょう。

合わせて
約410円

主食 | **おかず・おつまみ** | おやつ・デザート

いかそうめん納豆

いかそうめん × 小粒納豆

Recipe
いかそうめんを調理バサミで細かく刻み、タレとからしを入れた納豆に混ぜるだけ！

混ぜてから冷蔵庫に入れて数時間置くと、味がなじんでいかの食感も良くなります。

合わせて約210円

ベーコンの塩気があるので、タレいらず。お弁当のおかずにもオススメです。

合わせて
約170円

ベーコン巻き餃子

Recipe
温めた焼き餃子をベーコンでくるみ、つまようじで刺してオーブントースターへ。火が通ったら出来上がり！

ベーコン × 冷凍 焼き餃子

| 主食 | **おかず・おつまみ** | おやつ・デザート |

チーズたら　　ポークジャーキー

 ×

Recipe
ジャーキーとチーたらを
つまようじで刺すだけ！
ジャーキーはつまようじが
貫通しづらいので、
重ねる時はチーたらを
上にしましょう。

チーたら ジャーキー

チーたらの濃厚な風味と
ジャーキーのスパイシーさが
絶妙にマッチ。

合わせて
約360円

炙りサーモンのカルパッチョ

わさびとドレッシングの相性が抜群。
お好みでしょうゆをかけても
美味しいですよ。

合わせて
約300円

Recipe
サーモンに付属している
わさびをドレッシングとあえ、
サーモンにかければ
出来上がり！

 ×

炙りサーモン　　シーザードレッシング

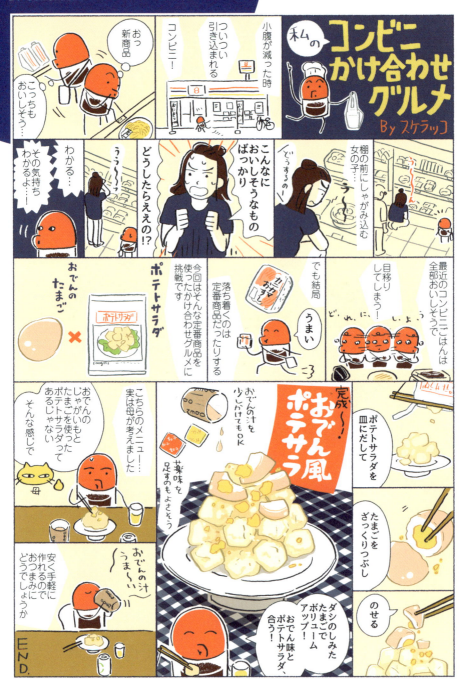

Conbini Kakeawase Gourmet

第3章

おやつ
デザート

Snack

| 主食 | おかず・おつまみ | **おやつ・デザート** |

Recipe
クロワッサンの先を
ちぎってピノを入れるだけ！

クロワッサン  × ピノ

ピノワッサン

シューアイス風の菓子パンです。
小腹が空いた
ティータイムのお供に。

合わせて
約230円

ミニたこせん

おせんべいのパリパリ感と
たこ焼きのフワフワ感という、
2つの食感が楽しい一品。

合わせて
約**290円**

Recipe
解凍してソースをかけた
たこ焼きを、いかせんべいで
はさむだけ！

冷凍
たこ焼

いかせんべい

 ×

主食 | おかずおつまみ | **おやつ・デザート**

ふんわりシリアル

きなこの風味が優しい、和風シリアルです。朝食やおやつにどうぞ。

合わせて約210円

Recipe
適量のふんわり名人に牛乳をかけるだけ！

牛乳
 ×

ふんわり名人 きなこ餅

＼冷凍のブルーベリーは量が多いので、／
何度も使えるお得な一品。

合わせて
約330円

ブルーベリー
チーズタルト

Recipe
自然解凍したブルーベリーを
タルトにたっぷりと
盛り付けるだけ！

チーズタルト × 冷凍ブルーベリー

| 主食 | おかずおつまみ | **おやつ・デザート** |

\ なんだかなつかしい味わい。 /
フルーツのみずみずしさで
パンがしっとりします。

合わせて
約270円

あんみつ風コッペパンサンド

×

Recipe
パンにフルーツをはさめば
出来上がり！

フルーツミックス　　コッペパン
（つぶあん＆マーガリン）

くるみブレッド

×

煉羊羹（ねりようかん）

Recipe
羊羹を薄くカットし、くるみブレッドにはさめば完成！

くるみブレッドの羊羹（ようかん）サンド

くるみの香ばしさと、羊羹の甘さが相性抜群。パンの表面をトースターで軽く焼いても美味しいですよ。

合わせて約170円

主食　おかず・おつまみ　**おやつ・デザート**

モンブランの メープルシロップ くるみのせ

濃厚なモンブランに、ナッツとメープルの香りが絶妙にマッチ。

合わせて 約430円

Recipe
モンブランの上にお好みでくるみをのせるだけ！

モンブラン × メープルシロップくるみ

和洋折衷のスイーツ。
涼やかな味わいで、
さっぱりといただけます。

合わせて
約240円

コーヒーゼリーの黒豆のせ

コーヒーゼリー

×

黒豆

Recipe
コーヒーゼリーの上に
適量の黒豆を
のせれば完成！

主食　おかずおつまみ　**おやつ・デザート**

あまじょっぱさが
絶妙な一品。
コーヒーやお茶と一緒にどうぞ。

Recipe
バウムクーヘンを
食べやすい大きさに
切って、間に6Pチーズを
はさむだけ！

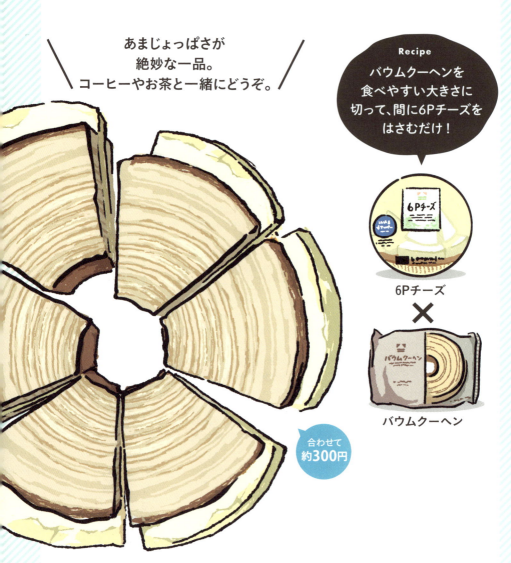

6Pチーズ
×
バウムクーヘン

合わせて
約300円

チーズバウム

麦チョコクリームフランスパン

 麦チョコ

×  練乳ミルククリームフランスパン

Recipe
パンのクリームに適量の麦チョコをかければ出来上がり！

合わせて約220円

サクサクとした麦チョコの食感と濃厚なクリームが程よくマッチ。

| 主食 | おかずおつまみ | **おやつ・デザート** |

サングリア風ワイン

＼ アイスが溶けかけてきたタイミングが ／
フルーティーで
美味しいですよ。

合わせて
約510円

Recipe
お好みのアイスを
数本グラスに挿し、
ワインを注ぐだけ！
ワインは赤でも白でもOK。

ワイン

×

フルーツバー

Recipe
半分に切ったどら焼きにバナナや自然解凍したミックスベリーをはさめば完成！

どら焼き × バナナ × 冷凍ミックスベリー

どら焼きがパンケーキ風の洋菓子に変身。ミックスベリー入りのどら焼きは「いちご大福」のような爽やかな味わい。

合わせて約420円

フルーツどら焼き

| 主食 | おかず・おつまみ | **おやつ・デザート** |

> **Recipe**
> 自然解凍したミックスベリーを
> ロールケーキに盛り付ければ
> 出来上がり！

 ×

ロールケーキ　　　冷凍ミックスベリー

フルーツロール

＼ 味も見た目も豪華な
ケーキ屋さん風の洋菓子風です。 ／

合わせて
約360円

主食　おかず・おつまみ　**おやつ・デザート**

かぼちゃアイス

シンプルなバニラアイスが
大人向けの甘じょっぱい
かぼちゃアイスに変身。

Recipe
かぼちゃ煮を
スプーンなどで適度に
つぶして、バニラアイスと
混ぜるだけ！
溶けすぎたら冷凍庫で
冷やしましょう。

明治エッセル
スーパーカップ
超バニラ

×

かぼちゃ煮

合わせて
約260円

主食　おかず・おつまみ　**おやつ・デザート**

アイスは普通のマンゴーよりも
味が濃いのがポイント。
杏仁豆腐が濃厚なフルーツ系
デザートに変身します。

合わせて
約270円

濃厚マンゴー杏仁

Recipe
マンゴーアイスを
サイコロ状にカットして
杏仁豆腐とあえれば
出来上がり！

マンゴーアイスバー

×

杏仁豆腐

> Recipe
> 両方を一緒に盛り付けるだけ！

なめらか豆腐

×

わらび餅
(黒蜜入り)

黒蜜の濃厚な甘さが豆腐のおかげでさっぱりし、クリーミーな味わいに。

合わせて
約260円

豆腐と黒蜜わらび餅のきなこがけ

| 主食 | おかずおつまみ | **おやつ・デザート** |

梅ヨーグルト

Recipe
干し梅をヨーグルトに入れ、冷蔵庫に一晩置けば出来上がり！

甘い干し梅 × プレーンヨーグルト

干し梅の甘さがヨーグルトに溶け出し、和風テイストのヨーグルトに。

合わせて約260円

Recipe
コッペパンにヨーグルトをはさめば完成！

コッペパン
（いちごジャム＆マーガリン）

×

プレーンヨーグルト

ヨーグルトの酸味とジャムの甘さがベストマッチ。朝ごはんにもオススメです。

合わせて約240円

ヨーグルトジャムコッペパン

主食 / おかず・おつまみ / **おやつ・デザート**

コーヒーチョコバニラアイス

＼ ほろ苦く、高級感のあるアイス。チョコは凍らせる前に砕くのがポイントです。 ／

合わせて約260円

 ×

クーリッシュバニラ　　コーヒービーンズチョコ

Recipe
先にチョコを砕いてから冷凍庫で1時間ほど冷やします。お皿に移したアイスと凍ったチョコを混ぜれば完成！

わらび餅&白玉ぜんざい  抹茶練乳氷

> Recipe
> 抹茶練乳氷を別の容器に移し、わらび餅&白玉ぜんざいを盛り付ければ完成！

宇治金時パフェ

わらび餅と白玉ぜんざいは一度小皿に取り分けてから盛り付けるのがコツ。

合わせて約400円

MY Conbini Kakeawase Gourmet
BY Paricco

私のコンビニかけ合わせグルメ BY パリッコ

あの居酒屋の名物おつまみをコンビニ食材で再現してみよう!!の巻

その1 高円寺T将の「マカロニコンビーフサラダ」風

2つを和えるだけ！コンビーフの量は加減しながら

ビールがすすむ!!

その2 赤羽Mます家の「たぬき豆腐」風

これもお皿に盛るだけ！

パラパラーッ

あげ玉と豆腐が相性バツグン!!

その3 池袋H立屋の「鍋焼きナポリタン」風

耐熱皿にナポリタン 上にスライスチーズをのせオーブントースターで熱々に

ジャンクなうまさ!!

あとがき

　いかがでしたでしょうか？　「はじめに」で書いた通り本当に「手軽」なメニューしか無かったかと思います。「自分もできそう！」「やってみたい！」と思っていただけたんじゃないでしょうか。

　というわけで、この本の料理を試すのはもちろん、自分流にアレンジしたり、新しいレシピを開発してみたりしていただければ、嬉しい限りです。

　最後に、帯コメントをくれたでんぱ組.incのねむきゅん、マンガ「私のコンビニかけ合わせグルメ」を寄稿してくれた才能のありすぎる皆さん、料理のイラストを描いてくださったつきこさん、スモール出版の編集担当三浦さん、TBSラジオ『ジェーン・スー　生活は踊る』をはじめ、「コンビニかけ合わせグルメ」を紹介してくださった媒体の皆さん、アイデアをくれた友人たち、そしてこの本を買ってくださった皆さん。本当にありがとうございました！

ディスク百合おん

> 作って楽しい！

あなたの「コンビニかけ合わせグルメ」をシェアしよう！

STEP 1
コンビニに足を運んでメニューを考えよう

いつもは目を向けなかった意外な商品から料理を思いつくことも！ あまり長時間店内をウロウロすると店員さんに怪しまれるので注意（笑）。

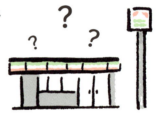

STEP 2
写真をきれいに撮ろう

カメラはスマホでOK。写真を撮る時は背景を片付けたり、見栄えの良い食器へ移し替えるのが大事です！　アプリのエフェクト処理を駆使して、美味しそうに見せましょう。

ハッシュタグ「#コンビニかけ合わせグルメ」を付けて、シェアしよう

本書のように、作り方の説明文はシンプルでOK！ 複数の画像を添付できるサービスも多いので、素材となる商品のパッケージ写真も載せればよりわかりやすくなります。

著者のディスク百合おん（@discyurion）があなたのメニューをRTするかも？

Twitterでタグ検索をして、美味しそうなレシピを見つけたら、僕がすかさずRTさせていただきます！ 一緒にコンビニかけ合わせグルメライフを楽しみましょう！

ディスク百合おん [著]

ナード（オタク）カルチャーとダンスミュージックを融合させた音楽ジャンル「ナードコア」を得意とするミュージシャン／DJ。数年前から独自に「コンビニかけ合わせグルメ」を楽しむようになり、完成品をTwitterにアップしたところ多くのリツイートと「いいね！」を集め、話題を呼んでいる。

つきこ [イラスト]

東京生まれ、群馬育ちのデザイナー／イラストレーター。「東京100ミリバールスタジオ」勤務。好きなことは、ラジオを聴くこと、絵を描くこと。

ディスク百合おん
イラスト：山本さほ

コンビニかけ合わせグルメ

発行日　2017年11月2日　第1刷発行

著者　　　　ディスク百合おん
イラスト　　つきこ

企画・編集　三浦修一（スモールライト）
装丁　　　　大朏菜穂（東京100ミリバールスタジオ）
校正　　　　会田次子
制作協力　　中村孝子＋室井順子（スモールライト）
営業　　　　藤井敏之（スモールライト）
SPECIAL THANKS　山本さほ、谷口菜津子、スケラッコ、パリッコ

発行者　　　中村孝司
発行所　　　スモール出版
　　　　　　〒164-0003
　　　　　　東京都中野区東中野1-57-8　辻沢ビル地下1階
　　　　　　株式会社スモールライト
　　　　　　電話　　03-5338-2360
　　　　　　FAX　　03-5338-2361
　　　　　　e-mail　books@small-light.com
　　　　　　URL　　http://www.small-light.com/books/
振替　　　　00120-3-392156

印刷・製本　中央精版印刷株式会社

定価はカバーに表示してあります。乱丁・落丁（本の頁の抜け落ちや順序の間違い）の場合は、小社販売宛にお送りください。送料は小社負担でお取り替えいたします。なお、本書の一部あるいは全部を無断で複写複製することは、法律で認められた場合を除き、著作権の侵害になります。

©Disc Yurion 2017
©Tsukiko 2017
©2017 Small Light Inc. All Rights Reserved.

Printed in Japan
ISBN978-4-905158-49-3